AF590353

RÉPONSE

A

M. VICTOR MARCHAL

EX-MISSIONNAIRE, EX-AUMÔNIER DES ARMÉES FRANÇAISES
EX-CURÉ LIBÉRAL DE CAROUGE ET DE LA CHAUX-DE-FONDS
ACTUELLEMENT EN DISPONIBILITÉ

PAR CH. RENAULT

Curé libéral de Chêne-Bourg

Nolite judicare et non judicemini.
Ne jugez pas, et vous ne serez pas jugé.

PRIX : 60 CENTIMES

GENÈVE
IMPRIMERIE ZIEGLER ET Ce, RUE DU RHÔNE, 52

1876

RÉPONSE

A

M. VICTOR MARCHAL

EX-MISSIONNAIRE, EX-AUMÔNIER DES ARMÉES FRANÇAISES
EX-CURÉ LIBÉRAL DE CAROUGE ET DE LA CHAUX-DE-FONDS
ACTUELLEMENT EN DISPONIBILITÉ

PAR CH. RENAULT

Curé libéral de Chêne-Bourg

Nolite judicare et non judicemini.
Ne jugez pas, et vous ne serez pas jugé.

PRIX : 60 CENTIMES

GENÈVE
IMPRIMERIE ZIEGLER ET Ce, RUE DU RHÔNE, 52

1876

RÉPONSE

A

M. VICTOR MARCHAL

Par Ch. RENAULT

Curé Libéral de Chêne-Bourg

Nolite judicare et non judicemini.
Ne jugez pas, et vous ne serez pas jugé.

I

Elle a paru hier, 3 Novembre 1876, cette fameuse brochure de Monsieur Victor Marchal annoncée à grand orchestre par toute la presse ultramontaine. Je viens de la parcourir; et s'il m'est permis d'émettre mon opinion sur ce grotesque pamphlet, je dirai que pour le *fond*, c'est aride et pauvre; c'est un manque complet de sérieux et d'honnêteté dans les arguments présentés.

Pour la *forme,* nous retrouvons naturellement le hâbleur de bas étage, l'histrion effronté, le saltimbanque connu de tout Genève ; nous retrouvons...... le comédien Marchal qui a parcouru, sans pouvoir rencontrer sa place au soleil, les deux hémisphères, en arborant le drapeau blanc avec les royalistes, la cocarde rouge avec les républicains et avec les catholiques libéraux des couleurs de citron qui ont toujours inspiré la défiance à toute âme sérieuse et réfléchie.

Lecteur genevois, indulgence pour cette note écrite, *currente calamo.* Je sais que l'on dit toujours assez bien ce qui part de l'âme. Mon but unique est de tirer, à grands traits, la silhouette de l'homme extravagant qui aime à faire parler de lui, du tribun éhonté qui vient se poser en rigide censeur de notre *Réforme catholique* qu'il n'a fait que compromettre, du parasite de mauvais aloi, qui vient de secouer l'ordure de ses sandales sur le sol de l'Helvétie où il avait trouvé une si généreuse et si cordiale hospitalité et où, hélas ! *son casier judiciaire perdit sa blancheur immaculée.* Quel naufrage pour une vertu candide ! L'austérité du cloître est seule capable d'effacer tant de crimes ; c'est le chemin que vous avez pris, M. Marchal ; c'est celui que vous auriez dû ne jamais quitter.

Je ne prendrai pas mon héros au berceau de sa naissance; je ne le suivrai pas non plus à la trace des folles extravagances, commises dans les différentes phases de cette vie phénoménale, passée en dehors du canton de Genève. Qu'il nous suffise de savoir que cet être exceptionnel a menti à ses convictions, failli à l'honneur et déserté notre camp, justement à l'époque où tous les catholiques libéraux de Genève, de Carouge et de la Chaux-de-Fonds ne voulaient plus de lui, à l'heure même où *tout le clergé* de notre canton bondissait d'indignation, à la seule pensée de le voir reparaître au milieu de nous : « Laissez de côté cet homme, disais-je, il y a cinq semaines, au digne président de notre Conseil supérieur; il ne serait parmi nous qu'un élément de discorde et de division. »

Toutefois, ami lecteur, souffrez que je rapporte ici une parole tombée plusieurs fois de ses lèvres candides. Ce fourbe avouait lui-même, dans ses moments lucides, que l'ange du bonheur n'avait point présidé à sa naissance, qu'il était né sous une mauvaise étoile et que le premier de ses malheurs commençait à son berceau.

« Je ne suis pas moi-même, disait-il dans un jour d'épanchement, *non sum ego qui sum ;* on a dû me changer en nourrice. » Grand Dieu! que serait-ce donc s'il était lui-même?

Aimable nourisson, vous qui venez salir de votre bave infecte, ce qu'il y a de plus sacré sur la terre : le culte de la famille, le bonheur de la paternité, que j'aurais bien voulu vous voir aussi dans votre panier d'osier! Votre sourire rappelait-il celui de chérubin? Où plutôt, votre physionomie n'était-elle pas la frappante image du petit du hibou, grognard et renfrogné dans le creux de son arbre ?

Non, turbulent ami, vous ne deviez pas être un *ange,* ce nom si doux que vous aimez à voir rayonner au bec de votre plume. Je suis sûr que votre nourrice a dû passer bien des nuits blanches pour essayer de calmer vos précoces impatiences et les emportements de vos jeunes caprices; je gage que le plus habile sorcier ne serait pas venu à bout de vous; car, sous l'écorce de l'enfant, l'attitude de l'homme mûr se révèle. A cet âge si tendre, elle devait déjà découvrir en vous une humeur fantasque, belliqueuse, des instincts batailleurs, bien supérieurs à ceux de votre âge; car, la malice chez quelques-uns est comme la vertu, elle n'attend pas le nombre des années.

Aussi, faute d'armes plus offensives, vous avez dû l'attaquer plus d'une fois à coups de bec ou de griffes .... Très-bien, enfant précoce et béni du ciel! « *Perge vias, sic itur ad astra* » Continue ta route ; un jour on inscrira peut-être sur ta tombe cette haute sentence dont tu es bien digne : « *Dieu forma Victor Marchal et se reposa.* »

II

Je ne parlerai ni de sa jeunesse, ni de son adolescence ; je ne connais pas cette période et ne demande point à la connaître : *Caritas non cogitat malum.* La charité me fait même supposer qu'autre *Louis de Gonzague,* il était cité comme un modèle de vertu sur les bancs du séminaire. *Fiat !*

Photographe de passage, je le prends tel que ma lunette l'ai saisi dans sa pose naturelle pendant les trois années que je viens de passer à ses côtés.

Lecteur, ces sels que M. Marchal engage à respirer en passant à côté de mes dignes confrères de Choulex et de Collonge qu'il ne *connaît même pas,* prenez-les pour vous, afin de contempler sans nausées le grand pécheur qui « a laissé sa santé sur votre sol sans avoir fait sa *pelotte* » (ô dévouement sublime !) et qui cherche aujourd'hui une retraite pour pleurer ses péchés.

« Le crocodile ainsi, tue en versant des pleurs,
La sirène en chantant et l'aspic sous les fleurs. »

Ames vraiment convaincues, fiers champions de la liberté et du progrès, implacables ennemis des abus et du despotisme romain, immortels défenseurs du véritable Christianisme, contemplez avec moi le type de mon héros afin de me dire s'il peut inspirer le pinceau d'un Raphaël quelconque : Visage blême et vieilli avant l'âge, cœur rongé de fiévreuses ambitions, conscience cuivrée, culottée de vieux remords, être qui n'a jamais compris le mystère de son existence, figure étiolée comme la plante maladive rongée secrètement au cœur par un insecte invisible (peut-être le phylloxera), cet homme fatal n'inspire aucune confiance. Son allure fantasque, guindée et ne procédant que par bonds, sent le *fauve*... Rien de loyal dans cette charpente mal boulonnée ; rien de franc dans cette physionomie qui mettrait en défaut la plume réfléchie de La Bruyère. Impossible de lire une pensée constante dans ce regard qui ne fixe jamais en face.

C'est vrai, les grands yeux clairs, franchement ouverts, sont la marque de la bonté, le cachet de la candeur et de la franchise, qualités morales qui n'ont pas dû souvent faire palpiter son cœur.

Mais, me direz-vous, jusque là, il n'y a pas grand mal ? La nature a des caprices qu'il ne nous est pas permis de contrôler, et on aurait tort de reprocher à un bossu sa difformité. — Oui ; mais entrons dans les détails ; examinons de plus près le charlatan de passage qui se permet de jeter la pierre à des prêtres convaincus, à des hommes qui ont toujours fui sa sa société compromettante.

Vraiment, il y a des gens inspirés du diable qui connaissent, par nature, le secret des métamorphoses, et qui ne justifient que trop cette espèce d'axiome : La parole a été donnée à l'homme pour déguiser sa pensée. Aujourd'hui, je suis loup, demain je me ferai mouton.

Le R. P. Marchal est de ce nombre. C'est un rude musicien que cet homme ; il sait jouer de tous les instruments. Avec les protestants, c'est la basse ; avec les libéraux, la trompette ; avec les ultramontains, le cor de chasse ; avec les petites nonnes, ces anges consolateurs, comme il les appelle, c'est la flûte. — Quel prodige ! quelle embouchure ! Hier il battait de la grosse caisse sur le dos des ultramontains, aujourd'hui ses yeux desséchés essaient de verser des larmes sur les prétendues violences exercées contre les disciples du Syllabus, contre les soldats du pape. Quelle logique!

C'est si beau de crier à la persécution et de jouer au martyre. Il y a là quelque chose de touchant, de sentimental, de romanesque, de sublime et surtout de.... lucratif. (A ce jeu on peut faire *sa pelotte.*) Il y a là le souvenir vivant des catacombes : Cyrille, Eudore, Cymodocée, reflets magiques de cette antique ferveur qui embrâsait les premiers chrétiens. Quand on est petit de caractère et de volonté, quand on est *usé*, on aime bien à se mesurer aux grandes figures ; n'est-ce pas, Monsieur Marchal?

Grimaces que tout cela ; rôle d'histrion ; extravagances hypocrites ; en un mot, farce gigantesque qui ne peut surprendre que les simples, les ignorants, les fanatiques ou les lettrés de mauvaise foi. Comme sur la scène, tout est factice dans ces poses de petits-saints ; rien de vrai dans ces larmoyants tremolo. Petites gens, petits métiers, petits produits.

III

Comme c'est au pied du mur qu'on connaît l'ouvrier, contemplons notre héros sur le théâtre de ses exploits, à l'église, du haut de la chaire de vérité. Je n'ai assisté qu'à une de ses conférences; j'y ai vu plus d'un front rougir et plus d'un confrère regagner sa demeure, l'âme péniblement affectée. J'y ai entendu des propos qu'un homme honnête rougirait de tenir, même dans un carrefour; j'y ai vu des allures que je n'ose qualifier ici, par respect pour la dignité sacerdotale. Il se gardait bien de s'accommoder de la première précaution oratoire : la modestie, l'humilité, qualités banales recommandées au vulgaire. — Tout le contraire, il se posait en tribun hardi et éhonté. — Et voilà l'homme qui *repasse* à l'ultramontanisme où il sera fêté, choyé, parce qu'il a plusieurs cordes à son violon. O profondeurs insondables de la perversité humaine! O hypocrisie des cœurs! O ironie de la sagesse! O vertu, ne serais-tu donc qu'un mot?

Impudent, dissimulé et rampant, il ne surprend la confiance des gens que pour les trahir peu après dans des confessions publiques.

O étrange apôtre ! tous ces prêtres que vous attaquez dans votre brochure ordurière, n'ont pour vous qu'un sentiment de pitié. Ils savent que chez vous tout se réduit à des grimaces. Dans vos stupides conceptions, croyez-vous donc avoir affaire à un public de blasés ou d'idiots ? Pensez-vous longtemps encore pouvoir jeter un défi suprême à la conscience des peuples ? Ne voyez-vous donc devant vous que des crétins qui, prenant pour du snblime toutes vos inepties, battront des deux mains aux gauloiseries de votre esprit galeux ? Croyez-vous qu'on se laisse prendre à toutes vos ficelles ? Trop tard, mon ami, l'oreille de l'âne a passé, tout comme l'orgueil de Diogène à travers les trous de son manteau. Très-orthodoxe en fait de doctrine, excessivement sévère en fait de principes *pour les autres ;* mais fort peu farouche en fait de morale pour lui et... — Infâme ! que voulait donc dire Madame X... en publiant, ces jours derniers, dans les rues de Chêne-Bourg, que vous l'aviez *attrapée ?* De nombreux témoins ont entendu des détails que je ne livre pas aujourd'hui à la publicité.

Et voilà l'homme qui préconise le célibat du prêtre comme une chose *morale !* Et voilà l'homme qui *repasse* à l'ultramontanisme, où il sera fêté, choyé, parce qu'il peut jouer plusieurs airs sur son orgue de barbarie. Prends garde, pauvre geai, car tu te mêles à la compagnie des paons.

Chez vous, citoyen délateur, le style, c'est l'hypocrisie et la haine. Oh ! si vous saviez comme vous excitez le sourire du dédain, le hoquet du dégoût, quand, avec des paroles mielleuses tombant de vos lèvres taillées pour la grimace, vous osez faire l'apologie de la plus belle des vertus chrétiennes, *la chasteté*. C'est le limaçon traînant sa bave impure sur une rose de mai. Oh ! non, cœur flétri, vous n'étiez pas digne d'une compagne vertueuse ; elle eût été bien misérable, celle qui eut commis le crime de vous épouser. C'eut été pour elle la mort, un véritable enfer. Qu'il vous sied mal de laisser tomber le fiel de votre imagination perverse sur cette fleur si frêle, au parfum si suave et si doux, et qui repose sur une tige un peu trop délicate pour vos ramassis de calembourgs, vos satires mordantes, vos procédés bohémiens, votre langage de carrefour et vos instincts pervers.

Non, pauvre Victor! il n'est pas permis à votre langue de Don Juan de parler d'amour conjugal. On ne vous connait pas sur ce terrain là ; vous y faites mauvaise figure ; vous avez perdu la note pastorale, et quand on a perdu ce ton là, on est bien près de perdre la tête. En un mot, le sérieux et la gravité de cette note délicate, ne convient pas plus à votre visage étique que la barbe d'Abraham au menton d'un enfant de trois ans.

Aux fleurs les zéphirs, aux hivers les tempêtes, a dit avec raison un illustre écrivain, et après lui, je dirai : Au Tartufe contemporain le masque de l'hypocrisie et le cothurne de l'histrion. C'est, affublé de ces insignes, qu'on vous permettra, réformateur à réformer, de gloser d'une vertu que, par un instinct foncièrement dépravé, vous flétrissez dans vos écrits dans vos paroles, dans vos gestes même. « A sa vue, me disait dernièrement le curé de M., une femme honnête devrait reculer d'horreur. En tout cas, je ne lui permettrais jamais de poser pied-à-terre chez moi par respect pour ma Dame. »

Disait-il vrai, ce digne confrère? ce ne sont pas des *fautes* d'ortographe qu'il vous reproche, lui. Vous le reconnaissez vous-même, l'esprit de Dieu n'était plus avec le vôtre depuis longtemps. Cela ne doit pas vous étonner; ils auraient fait trop mauvais ménage ensemble, car l'un est charité, et l'autre l'antipode de la charité, un vrai diable en culotte. Frappez-vous donc la poitrine; laissez-donc une bonne fois la vérité sortir de votre bouche ; vous ne ferez pas pour cela déshonneur à vos titres de ex- ex- ex- ex-. On ne s'avilit pas, mon cher, en reconnaissant ses torts; au contraire, on se grandit, on s'élève. Et, quand on n'est qu'un pauvre Marchal, c'est quelque chose.

L'esprit de Dieu n'était plus avec vous! Etes-vous bien convaincu de cet heureux aveu? Si un seul doute venait à planer sur ce qui tient *la place* de votre conscience, je vous mettrais au défi de me rappeler une seule larme essuyée de vos mains, de citer une seule brebis égarée que vous ayez ramenée au bercail, une seule âme affligée que votre onctueuse parole ait rajeunie à la source pure et rafraîchissante de la consolation et de l'espérance. Je vous en porte le défi, étrange apôtre!

Et moi, par contraste, je vous dirai que votre esprit brouillon faisait un mal immense à notre réforme catholique. Votre semence n'était qu'une semence de mort. Aussi, on vous maudit à Carouge, à Genève, à la Chaux-de-Fonds, où l'on voit des familles entières que vous avez éloignées de l'Église par tous vos perfides commérages, s'attaquant à leur foi, à leur réputation, à leur honneur. Vous osez jeter la pierre à votre successeur de Carouge. S'il n'a point votre blague infernale (et heureusement pour cette paroisse, que vous avez démantelée), il a du moins pour lui le zèle, le dévouement et un cœur vraiment sacerdotal. Son nom seul devrait faire rougir, s'il en était capable, votre teint basané; car vous êtes la cause première du malheur que vous rappelez dans votre brochure, en ricanant. O sentiments pervers! ô rancune de prêtre! ô belle âme d'apôtre!

Et pourtant, ai-je lu quelque part, il n'est pas d'âme si misérable et si dépravée qui n'ait quelque chose de bon. — Et pourtant, on a vu le galérien pleurer au souvenir de sa patrie, de sa femme, de ses enfants.

Et pourtant, on voyait encore le rayon divin dans Homère conduit par un enfant, dans Bélisaire, tendant son casque à l'aumône !..... Même dans l'Ange réprouvé, dit un auteur, on discerne encore, sous les cicatrices de la foudre, la saine intelligence du premier né des esprits. — Grand Dieu ! Il est donc encore des infortunes et des chutes plus grandes que celles-là? Il nous fallait donc un Marchal, choisi dans l'ordre des prêtres du Christ, pour révéler au monde jusqu'où peut descendre, sur l'échelle de la dégradation, un cœur ambitieux, jaloux, impie, une âme vindicative et bourrelée de remords!

Incompréhensible Victor, mystérieux Marchal! vous nous dites que « *votre conscience* ne vous permet pas de rester plus longtemps dans l'Eglise chrétienne de la Suisse. »

Vous avez dû vous tordre les côtes, en écrivant ces lignes, ou du moins, vous deviez avoir une attaque de folie en les envoyant dans le canton de Genève, où vous êtes connu comme le loup blanc ?

O risible bouffon ! pour parler de *conscience*, il faut au moins en avoir une ; il faut encore sentir battre son âme à l'enthousiasme de la vertu, à l'amour du beau, au charme de la vie ! il faut encore entendre, comprendre et méditer les salutaires enseignements d'une voix sonore, retentissante, impérieuse, qui vibre au dedans de nous. — Hélas ! bien des jours se sont écoulés, depuis que le héros de mon opuscule ne marchande plus avec cet infaillible *critérium*. — Bien des soleils se sont levés, depuis que son âme étroite a condamné tout accès aux transports de l'admiration, aux délicieuses palpitations de la joie, aux charmes de l'amitié vraie, et au doux attendrissement que procure une larme sincère ! — Pourquoi celà ? Parce qu'on ne réussit pas toujours en voulant tailler un homme sur un modèle d'ange.

Vous l'avez compris, innocent Marchal ! vous ne pouviez vivre plus longtemps sous les tentes agitées de la nouvelle Babylone; vous n'y respiriez que d'un poumon. Aussi, vous avez agité vos grelots, et vous êtes parti. Vous avez bien fait; votre place n'était pas ici, car le peuple suisse est trop intelligent pour se laisser prendre aux passes magnétiques; ce qu'il lui faut, c'est du naturel, c'est de la loyauté, c'est de la conviction. — Et puis, comme c'est long, trois ans pour vous dans la même place !

Vous voulez frapper, dites-vous, à la porte d'un vieux couvent. Ici, vous faites preuve de haute intelligence ; car, outre les péchés mignons que vous avez peut-être à expier pour aller droit en Paradis, votre grand cheval de bataille a besoin de repos. — C'est de l'humanité. — Pauvre cavale! comme elle est essoufflée, brisée, hors d'haleine. Tantôt sous le soleil des tropiques, tantôt sous les zones glaciales. Malgré l'éperon de son intrépide cavalier, comme elle hésite à faire un pas de plus sous le feu nourri des batteries du progrès, de la vérité, de la civilisation moderne ! De grâce, reposez-vous l'un et l'autre. « La pantoufle du Pape vaut bien la botte du laïque. »

IV

Un endroit où le romanesque M. Marchal semble avoir épuisé toute son adresse et usé toutes ses belles couleurs, est celui du célibat volontaire des ecclésiastiques. Sa brochure nous apprend qu'à ce seul nom, son cœur se soulève, ses nerfs se contractent, son âme bouillonne de colère et de rage et que la .... pudeur lui monte au visage. Il essaie de nous faire croire que son angélique vertu, soutenue par une prière fervente, a pu dompter les impétuosités de son ardente nature, dominer les grondements orageux de son cœur, ensevelir dans le froid tombeau du célibat forcé les flots de vie, les vagues brûlantes de sa vigoureuse jeunesse.

Ce langage, M. Victor, est un langage menteur, c'est une duperie préméditée, qui peut surprendre quelques braves femmes de la Savoie, mais qui trouvera des incrédules auprès de tous ceux qui connaissent la nature humaine ou qui ont pu étudier vos allures.

On dirait vraiment que votre factum n'a qu'un but, celui d'exalter, de préconiser vos titres à la canonisation. Attendez donc au moins votre mort, et laissez à d'autres ce soin délicat. En tout cas, je suis sûr que Pie IX ne vous canoniserait pas aujourd'hui ; car, vous aurez beau rétracter le souvenir d'un *missionnaire,* Antonelli ne vous pardonnera jamais d'avoir appelé son maître un vieillard inepte, une *espèce de fou* (à moins toutefois que vous ne leur fassiez croire que vous l'étiez vous-même, en enfantant ce chef-d'œuvre).

Non, il n'est pas un homme sérieux et impartial, pas un qui ne proclame que le célibat ecclésiastique est une institution barbare, contre nature, immorale, funeste à la société.

S'il était vrai que la condition du mariage fut incompatible avec la vocation apostolique, avec la dignité sacerdotale, comment se fait-il que *tous* les apôtres, à l'exception d'un seul, aient vécu dans cet état ? Comment se fait-il que le Christ ait choisi de tels hommes pour ses ministres ? Pauvre Nazaréen, tu t'es trompé. Ne reviens plus sur la terre ; car, si dans tes courses apostoliques, tu venais à côtoyer les rivages de la Savoie, les mégères te salueraient de leurs grognements fanatiques : *Quelle horreur !* Des drapeaux noirs, des chiffons en loque, symbole de l'ignorance et de la bêtise, flotteraient sur les toits de chaume à l'arrivée de tes prêtres *mariés.*

Mieux que celà, ton ministre Marchal se présenterait devant toi, verbe haut, tête échevelée, regard en feu, poing menaçant, pour te dire : « Tu es un fou. Je refuse de bénir l'union de tes prêtres. Si des enfants naissent de leur mariage, ce sont des *fœtus*, des *rouleurs*, et leurs parents sont des *faiseurs d'anges* ; c'est le réformateur Victor Marchal qui te le dit. »

Socrate, incline-toi devant ton disciple. Nazaréen, tu es vaincu.

Et pourtant, apôtre du mensonge et de la grossièreté, vous savez aussi bien que moi que la première loi canonique qui interdit aux ecclésiastiques la vie conjugale ne fut édictée qu'au IVe siècle, et encore d'une manière restrictive, car elle ne regardait que certaines provinces. Ce n'est qu'en 1074 que le pape Grégoire XII, effrayé des débauches de son clergé (si Pie IX voulait comprendre pour réagir) défendit aux prêtres de vivre plus longtemps avec leurs femmes ou avec *leurs concubines*.

S'il ne se fut agi que de mettre un frein aux mœurs dépravées du clergé romain, je comprendrais le décret de Grégoire ; mais, une tout autre idée inspirait le pape hérétique. Il voulait avant tout arracher le prêtre à la famille, à la société, à la patrie, pour ne lui laisser entrevoir que Rome, que le

Vatican, où des chaînes étaient forgées pour ses rébellions.

Sincère Marchal, cette leçon d'histoire vous ennuie peut-être. Malgré qu'elle soit injurieuse à votre grand savoir, écoutez-moi jusqu'à la fin.

En frappant d'anathèmes les prêtres mariés de l'Eglise catholique nationale de la Suisse, en insultant leur femme avec l'*exquise délicatesse* qui vous caractérise, vous commettez un affreux illogisme ; car je sais, de par ma propre science, que si vous ne vous êtes pas marié à Genève, c'est que la jeune fille aux 60,000 fr., près de laquelle vous aviez député un tiers, a répondu : « Il est trop laid; ses dents d'éléphant me font peur. » Elle vous connaissait bien celle-là!

Et au Synode d'Olten 1876, aviez-vous une telle répugnance du mariage quand je vous entendis, au beau milieu de la messe, prononcer ces paroles : « Cet ange qui chante à la tribune, c'est ma fiancée. » Si celle-là n'a point vu vos dents, elle s'est peut-être aperçue de la tonne de fiel cachée sous l'enveloppe de votre imagination perverse. Après cela, je comprends vos grossières injures, votre cruel dépit, et j'admire la sentence du bon Lafontaine : « Ils sont trop verts. »

Nonobstant votre dépit, le célibat forcé fait du

prêtre, au moral comme au physique, un esclave comme vous, un malheureux comme vous, quand il n'en fait pas un misérable. Loin d'entretenir dans son âme le feu sacré de l'immolation des sens, il ne fait qu'aiguillonner la bête féroce que le P. Vincent appelle la concupiscence de la chair. Il lui empêche de se nourrir de sa propre sève ; il lui enlève la vie de famille, la plus douce et la plus morale de toutes ; il l'arrache au domaine de la vie civile et nationale pour laquelle Dieu l'a créé ; il entrave ses relations sociales, il le force à se concentrer, à se renfermer, comme le limaçon, dans sa coquille, et à se perdre dans un égoïsme abject.

Le célibat forcé, Monsieur Marchal, traîne le prêtre sur le sentier des plus vives et des plus cruelles tentations. Il trouble son repos intérieur, il flétrit sa dignité d'homme, insulte au respect qu'il se doit à lui-même, absorbe et vicie toutes ses facultés intellectuelles. Il le torture, le brise dans tout son être et le force à traîner une existence que la sublimité de ses fonctions ne rend que plus misérable. En un mot, le célibat forcé fait du prêtre un eunuque. Dieu ! quel eunuque ! Je sens dans tout mon être un frémissement d'ironique pudeur en écrivant ce mot ; car le jeune homme qui, par irréflexion ou surprise, se soumet à cette loi brutale, sent, malgré lui, tressaillir dans ses flancs des vagues brûlantes, des flots de vie que son ardente jeunesse ne peut ensevelir dans le froid tombeau de la solitude et de l'abnégation. Si je ne m'adressais qu'à vous, illustre défroqué et renfroqué, je pourrais ajouter : le célibat forcé du prêtre donne au teint une couleur jaune, blême, livide, un quelque chose qui sent la décrépitude et le cercueil.

Vous dites que les populations catholiques ne sont pas assez mûres pour accepter ce point capital de notre Réforme. Vous vous trompez, sublime logicien, les plus arriérés eux-mêmes commencent à ouvrir les yeux et à comprendre que le prêtre marié a des droits à leur confiance que ne pourra jamais revendiquer le prêtre célibataire. Si je voulais la développer, des montagnes de documents pourraient venir à l'appui de ma proposition, mais non, il faudrait faire des personnalités et entrer dans des détails que ne comporte pas les limites que je me suis prescrites.

Qu'il vous suffise de les entendre dans leurs longues veillées d'hiver, ces braves gens de nos campagnes, raconter en ricanant des milliers d'anecdotes au sujet de ceux qui ont bénit leur mariage, prêché la morale à leurs enfants, et qui n'ont pas eux-mêmes respecté les bases de toute société humaine : la candeur de l'enfance, la sainteté de la famille, l'inviolabilité du mariage.

Rome seule, avec le romain Marchal, n'est pas mûre, parce que ce point de réforme est comme le stylet que le chirurgien enfonce et retourne dans une plaie béante, pour extirper la racine du mal. Rome seule pousse les hauts cris, parce que cette solennelle revendication des droits de l'homme (le prêtre est un homme, M. Victor) arrache violemment aux mains des papes le gros marteau qui leur a si longtemps servi à battre monnaie. Car, où passaient donc, croyez-vous, les fortunes colossales de ces bons moines, de ces saints prêtres du moyen-âge, qui mouraient sans famille, ou du moins..... sans enfants reconnus? Où, vous le savez comme moi, au fisc romain!

Eh bien! si ces braves gens avaient eu à leur foyer une épouse vertueuse pour les conseiller et les encourager dans la tâche toujours pénible de l'apostolat, des enfants affectueux et dociles pour fixer leur course et borner leurs désirs, non, mille fois non, la plupart d'entre eux n'auraient jamais forfait à la dignité sacerdotale. A leur dernier soupir, une main amie se fût rencontrée pour leur fermer les yeux, et ils auraient porté jusque dans la tombe l'honneur et la majesté de leurs cheveux blancs.

Lecteur, pourquoi ne dirais-je que la moitié de ma pensée? Mieux que cela : Si certains prêtres des temps reculés se fussent trouvés dans les conditions ordinaires de la vie humaine, ils n'auraient jamais passé par la flamme des bûchers ; d'autres n'auraient jamais connu l'affreuse horreur de ces fatales oubliettes où la mort la plus cruelle les attendait au bout de quelques jours. Et si, à l'heure où j'écris ces lignes, ces malheureux pouvaient secouer le linceul qui les recouvre depuis des siècles, et reparaître au milieu de nous, oui, ami lecteur, vous reculeriez d'épouvante; un frisson de terreur parcourrait tous vos membres; car leurs gémissements plaintifs s'exhaleraient en ces termes : « Le célibat forcé des prêtres est une institution criminelle, funeste à la famille et à la société, affreuse, horrible, hideuse pour celui qui s'y engage..... C'est une impiété, une immoralité sans nom, une infamie qui peut conduire à l'échafaud ! c'est la honte et l'opprobre de la nature! c'est l'homicide moral, et quelquefois même c'est le suicide ! »

Puisse cette voix de l'expérience, ce cri d'outre-tombe frapper le cœur desséché de certains supérieurs de séminaires qui, par habitude et par métier, abusent de l'inexpérience des jeunes hommes de vingt ans! Puisse-t-il parvenir aux deux extrémités du globe, pour la prospérité de notre Sainte Eglise catholique, et peut-être aussi pour porter un rayon d'espérance dans l'âme de quelques malheureux prêtres qui gémissent au fond des cachots, victimes du célibat forcé. — Entendez-vous, Monsieur Marchal ?

Mais, pourquoi évoquer les sanglants souvenirs des temps passés? Ne suffit-il pas d'ouvrir nos annales contemporaines pour frémir d'indignation à la vue des conséquences terribles du célibat ecclésiastique, à l'aspect des ruines qu'il amoncèle de jour en jour autour de ses faux adorateurs?

V

Je sais que, de nos jours, des journalistes intéressés à la cause épuisent leur santé et leur verve à badigeonner leurs colonnes de magnifiques sentences de morale et de probité; ils sont payés pour cela. J'en connais même un, grâce à Dieu, unique dans son genre et dans ses excentriques débordements, qui, jour et nuit, fatigue les cordes de sa lyre pour les élever au diapason de sa rage, quand il s'agit du catholicisme libéral, et les abaisser au larmoyant trémolo de sa piété et de sa vertu, quand il s'agit d'exalter les mérites vrais ou supposés du clergé romain. Honneur au courage malheureux!

Mais je sais aussi que le clergé libéral de la Suisse, tant baffoué, ne mérite pas les foudroyants anathèmes des *pieux* écrivains, et que le clergé romain tant exalté n'est pas toujours digne de leurs pompeux éloges. *In medio stat virtus.* Et si l'âme de mon héros était susceptible de recevoir un conseil, je l'inviterais à jeter avec moi un coup d'œil sur le compte-rendu des tribunaux où il trouverait une foule de causes dont le célibat, ses amours sur le papier, ne se tire pas avec honneur.

Mais ce sont des exceptions, pourrait-il me dire dans sa verve criarde, il n'y a pas de bon cheval qui ne bronche. Oui, lui répondrais-je, j'admets une exception pour un cheval qui bronche ; mais, quand c'est presque toute une écurie??

Y a-t-il exagération? Non, inconstant *réfroqué*, car chaque année, on compte par centaines les prêtres tombant sous les coups de la crosse épiscopale pour infractions graves à la loi du célibat. Et ce ne serait pas dépasser les bornes de la vérité en affirmant ici qu'il y a beaucoup plus de coupables non condamnés qu'il y en a de condamnés. Car, nous en avons connu, et nous en connaissons encore un certain nombre qui n'ont jamais subi de châtiments *officiels*, qui ne sont pas cochers *de fiacre* à Paris ou à Rome, et qui ont poussé l'immoralité jusqu'aux dernières limites. Si mon affirmation trouvait, dans le camp *angélique*, un incrédule qui me mit au défi de citer quelques-uns des noms fameux qui rayonnent en ce moment au bec de ma plume, peut-être, je n'hésiterais pas, pour le bien général et dans l'intérêt de la vérité, à dévoiler certains grands mystères de soutanes *vénérées*, au risque de fouler aux pieds les droits sacrés d'une amitié..... trop timide, trop hypocrite pour être sincère.

Messieurs les évêques en savent plus long que moi. Ils jouent au jeu de *cache-cache*. C'est Gros-Jean qui veut en montrer à son curé.

Taisez-vous, adulateurs du célibat ecclésiastique; ou du moins, modérez vos attaques passionnées, indécentes contre les prêtres qui refusent de suivre une papauté hérétique dans ses dogmes nouveaux. Enfermez-vous dans un silence plus modeste, plus religieux et plus vrai. Car tout homme impartial qui a vu de près les affaires ecclésiastiques, sait que le clergé latin est rongé intérieurement par un cancer dont il ne guérira que par l'abolition de ce célibat forcé, obligatoire, qui, à part de rares exceptions, ne fait que des hypocrites, des menteurs, des criminels, des victimes.

M. Marchal semble nous dire à la fin de sa brochure qu'il regrette de n'avoir pas fait sa *pelotte* en Suisse, et que son seul désir est celui du Dante : demander la paix à la porte d'un vieux couvent. Le désir est bon, excellent ; mais la comparaison est risible. Voyez-vous l'histrion Marchal à côté du Dante ! ô véritable grand homme, vos mânes ont dû tressaillir au fond de leur demeure en se voyant ainsi accouplées! Cette prétention vaudrait bien un rude *tirement* d'oreilles ; on se contente de hausser les épaules et de sourire.

Cependant, pour calmer, s'il est possible, l'effervescence de ses conceptions injustes, haineuses et vindicatives, et malgré l'extrême répugnance que j'éprouve à traiter de pareilles matières (idée qui pourrait laisser à entendre que j'éprouve une certaine satisfaction à afficher le malheur et les peines des autres), son audace me force à lui donner, pour le premier jour de son entrée au couvent, s'il y entre, le sujet de méditation suivant :

Arrêts publiés par les journaux français pendant le *seul mois* de juillet 1876 :

1° Un vice-président du Cercle catholique de St-Rémy, condamné, pour excitation à la débauche, à six mois de prison et 600 fr. d'amende. (Tribunal de Tarascon.)

2° Deux frères des écoles congréganistes de Berre, poursuivis pour attentat à la pudeur.

3° Un ecclésiastique condamné par le tribunal de Grasse à un an de prison et 500 fr. d'amende, pour fait portant atteinte à la morale publique. D'après le *Politique* de Marseille, cet ecclésiastique vénérable se serait pendu dans sa prison.

4° Un ecclésiastique employé à l'institution St-Martin, écroué à la maison d'arrêt sous l'inculpation d'attentat aux mœurs.

5° Un ecclésiastique, revenant de Lourdes, où il était allé présenter ses devoirs à la bonne vierge, condamné par le tribunal de Toulouse, pour pratiques honteuses commises dans cette ville, à un an et un jour de prison.

6° Un ecclésiastique du diocèse de Mgr Freppel, déjà condamné une première fois à un an de prison pour actes d'immoralité, condamné une seconde fois par le tribunal de Saumur à deux ans de prison pour outrage aux mœurs.

7° Un ecclésiastique de l'Aveyron arrêté pour inculpation de crime, de viol et de faux.

8° La cour d'assises du Cantal vient de condamner à trois ans de prison le nommé C., instituteur congréganiste, directeur de l'école communale de M., coupable d'attentat à la pudeur.

9° L'évêque de Namur joue franc jeu ; il excommunie tous les membres de l'association libérale de son diocèse. C'est le même qui a institué curé de paroisse, aussitôt sa sortie de prison, un prêtre condamné pour cinq ou six attentats à la pudeur.

Donc, un saint laïque, trois saints frères et six vénérables ecclésiastiques sanctifiés par Lourdes.... et cela dans l'espace d'un mois.

Qu'en dites-vous, très-Saint et très-Révérend Père Marchal, adulateur hypocrite du célibat forcé? Où sont vos couleurs pour blanchir ces nouveaux sépulcres? Car, « *Vide Thoma, vide latus, vide pedes, vide manus; noli esse incredulus. Alleluia.* »

Vous du moins, lecteur sensé, ne jetez point la pierre à ces infortunées victimes d'une loi injuste et criminelle. Ayez pitié de leur sort. A l'instant où j'écris ces lignes, il me semble les voir au fond de leurs cachots agiter leurs chaînes avec un frémissement de rage et de vengeance. Il me semble entendre leurs cris, leurs blasphèmes et leurs malédictions. « Maudit soit le célibat forcé du prêtre, il ne moralise pas l'homme, il l'avilit; il en fait un hypocrite, un parjure, un traître, quand il n'en fait pas un criminel, un misérable, un monstre d'iniquité. Ciel et terre, pardon! J'ai pleuré, je pleure encore! »

Maintenant, à ce lugubre tableau, si l'on compare le bonheur d'un prêtre qui, après une rude journée de ministère, trouve à son foyer une compagne douce et intelligente, affectueuse et dévouée pour essuyer son front humide de sueurs, ranimer son courage quelquefois abattu, et des enfants pour lui servir d'étoile polaire à travers les froids glaciers de l'apostolat. Oh! alors, il ne reste plus aucun doute que le mariage ne soit pour lui un besoin, une nécessité, un ornement, un honneur, et la femme une tutelle protectrice, un véritable ange gardien.

Celui-là du moins pourra déverser les plus beaux sentiments de son cœur dans l'amour de Dieu et celui du prochain; il pourra parler avec onction des joies et des peines de la famille, car il les connaît par expérience; il lui sera permis de raconter les douleurs et les saintes allégresses de la paternité: sa lyre enfin trouvera des échos quand elle chantera le dévouement sublime de la mère et les voluptés innénarrables dont son âme est inondée en couvrant de baisers l'enfant que Dieu lui a confié.

Celui-là du moins pourra travailler efficacement à guérir ceux qui ont le cœur brisé. Ah! combien de cœurs brisés dans ces foules que nous coudoyons avec indifférence et qui souvent sont inaccessibles au prêtre célibataire. Combien de cœurs brisés sous ces visages d'hommes forts et vigoureux, au regard sombre et menaçant! Combien de cœurs brisés sous ces figures de mères épuisées! Combien de cœurs brisés dans la physionomie rêveuse de certains pères de famille qui viennent dans nos Eglises catholiques nationales apprendre à aimer Dieu et la patrie, tandis que leurs enfants fréquentent des temples construits par le fanatisme et la haine, où ils apprennent quelquefois à maudire leur pays et la religion de leur père! Lecteurs, plaignez-les, mais respectez la délicatesse de leur martyre.

Prêtre marié, voilà ta mission, et voilà l'avantage que tu auras toujours sur le pauvre célibataire.

Là-bas, c'est l'enfer anticipé; ici, c'est l'avant-goût de ce paradis d'inéflables délices promises au devoir et à la vertu.

VI

Quant à vous, sublime Marchal, vous avez joué votre rôle à Genève ; et, comme partout ailleurs, vous y avez laissé des traces, des empreintes, des souvenirs. Tout le mal que je vous souhaite, c'est que vous puissiez bientôt rencontrer le grand homme de bien dont le grand cœur contienne un tonneau de baume pour panser vos larges et profondes blessures, et préparer votre âme à s'endormir dans le sein du Seigneur. Non, perle précieuse, ange de la piété candide, vous ne pouviez pas rester plus longtemps enfoncé jusqu'au cou dans le « *Stercore boüm.* » Les nausées de cet impur bourbier vous coupait la respiration et il eut fallu recourir à un sage de l'Egypte pour vous rendre à votre odeur naturelle.

Ils sont terribles ces Suisses ! Ils veulent, dans leurs prêtres, des convictions ; et vous, vous n'en avez jamais eu. En France, c'est plus facile, on se contente volontiers de ce qui ressemble le plus aux convictions : l'hypocrisie. Sans être prophète, je puis prédire que sur ce terrain-là vous serez bientôt seigneur, roi, demi-dieu. C'est le seul élément qui puisse convenir à votre mâle poitrine. Vous êtes à votre place, tâchez de vous y maintenir, quitte à donner dans six mois du fil à retordre au pauvre évêque qui aura bien voulu vous prendre à sa charge.

Pour vous, citoyens genevois, des défections comme celle de M. Marchal ne sauraient vous ébranler. Au contraire, elles retrempent votre courage, elles raffermissent vos convictions, elles vous donnent la valeur de certains hommes et justifient certaines défiances.

Sans doute, j'en conviens, au lieu de descendre dans l'arène pour aider la lumière à sortir des ténèbres et le progrès à creuser son sillon, il serait plus agréable de passer sa vie dans le cercle de ses connaissances, jouissant en paix des délices du travail et des charmes de l'amitié. Mais non, ce serait un coupable, un criminel égoïsme. L'homme qui désire sincèrement mener une vie utile et la consacrer par un dévouement quotidien à une idée humanitaire, doit songer, avant tout, à son devoir et non à ses satisfactions. La Providence nous a jeté dans un siècle de lutte; à nous de répondre à sa volonté par l'abnégation de tout ce que nous avons de plus cher.

Ce qu'il faut aujourd'hui, ce ne sont pas des tapageurs, des brouillons, des Marchal, mais des âmes vraiment convaincues de leur mission, des volontés énergiques, des cœurs virils, des hommes enfin qui comprennent de plus en plus que les miasmes délétères de la curie romaine ne sauraient jamais convenir à leur mâle tempérament.

Courage! Souvenez-vous toujours que si, dans les entreprises humaines, rien de grand ne se fait sans angoisse, dans les œuvres du ciel, il n'y a de solide et de durable que ce qui a été édifié sur le Calvaire et cimenté avec les larmes du dévouement, sous la truelle de la charité, du sacrifice et de l'amour. Le succès est à ce prix.

Debout! ce n'est plus un cri, c'est un rugissement.

ÉCHOS DE LA CHAUX-DE-FONDS

Les renseignements qui m'arrivent de la Chaux-de-Fonds à la dernière heure sont en si grand nombre qu'on en pourrait faire tout un volume. J'en transmets une partie sans y rien changer. Lecteurs, avez-vous une tabatière? Prenez une forte prise. Quant à vous, Mesdames, munissez-vous de camphre et jugez de l'homme qui vient de nous jeter si odieusement la pierre avant de rentrer dans le *camp angélique.*

La Chaux-de-Fonds, 6 Novembre 1876.

I. LES PRÉDICATIONS DU R. PÈRE.

La bouche parle de l'abondance du cœur, a dit l'Écriture. Voyons donc ce que M. Marchal, fidèle disciple du Christ, a enseigné, durant les longs mois qu'il a passés à la Chaux-de-Fonds. Il se plaint qu'il n'a pas trouvé dans cette paroisse ces fidèles d'élites, ces âmes pieuses qui devaient recevoir les saints épanchements, les divins épanouissements de sa grande âme. Blagueur ! qu'en auriez-vous fait de ces âmes ?

Jamais il n'a donné aux paroissiens la vraie parole de Dieu ; sur la fin, on en était réellement révolté, dégoûté. Son début fut d'attaquer le *Syllabus*, article par article, avec une intolérance telle, que des hommes sérieux, dès les premières prédications, se sont dit : « Méfions-nous, ce n'est pas un libéral, c'est un jésuite ; les protestations les plus passionnées servent souvent de voile à la perfidie et à la trahison. »

Dans les diatribes les plus violentes et les plus ignobles, il déchirait à belles dents le Pape, les évêques, *surtout ceux qu'il avait connus dans le cours de ses missions*, les prêtres français, tous les ultramontains, à un tel point que les plus libéraux en étaient indignés. Quel fiel, quel venin de reptile n'a-t-il pas versé sur sa belle patrie ! Dans sa haine, il unissait et le Pape et la France.

Cette série de prédications terminée, le R. Père s'est plu à exalter la beauté, les charmes et toute l'excellence de la femme. « Ah ! je vous en prie, « s'écriait-il, ne touchez pas, par respect, cette reine

« auguste, même avec une fleur ! » Ces prédications commençaient à enlever le voile qui dérobaient aux fidèles les sentiments, les affections équivoques de son cœur. Quelques-uns disaient : Cet homme ne doit pas être un ange de vertu.

Quelques dimanches après, dans un de ces revirements de bile, dans ces voltiges fantasques qui lui étaient si naturelles, il mettait la femme plus bas que le fumier : « Qu'est-ce donc que cette créature qui joue dans la société un rôle de reine usurpé ? Un être demi-raisonnable ! »

Cette sortie de ce dimanche, et tous les autres propos plus ou moins convenables qui l'ont accompagnée, froissèrent tellement le grand nombre de dames présentes, que beaucoup se promirent bien de ne plus mettre les pieds à l'église *aussi longtemps que ce fou prêcherait*.

Tantôt il entretenait son auditoire sur l'excellence des vins, particulièrement sur la bonté et le goût exquis du vin de *Fleury*. Cette fois, la surprise et le dégoût étaient au comble ! On se disait : Est-il donc ivre pour nous parler d'un tel sujet ? — Plusieurs fois, tout son sermon consistait en sorties, en apostrophes malhonnêtes et irréfléchies sur tel ou tel personnage de la paroisse qui avait eu l'audace impardonnable de trop ouvrir les yeux sur les mystères de la vie privée de ce grand potentat. — Un jour, en exaltant le spiritisme et les spirites, dont il fréquentait assez assidûment les réunions, il jeta ce doute en face de la Croix : « Que serons-nous après la mort ? *Chien ou chat ?* Je ne sais ! Et dans quel corps passera donc notre âme ? »

Le Comité enfin, à bout de patience, outré d'entendre la chapelle retentir de telles doctrines, *par deux fois et par écrit*, s'est vu dans la triste nécessité de le rappeler à l'ordre, de l'inviter à prêcher purement l'Evangile, de mettre fin et à ses sermons absurdes et à ses invectives incessantes contre la France, à ses insultes, à ses mépris, à toutes ses audaces contre ce qu'il y avait de respectable et d'honnête.

II. L'ANGÉLIQUE CÉLIBAT DU BON PÈRE.

Dans une de ses prédications, le vertueux célibataire, le prêtre modèle déclarait avec souplesse que jamais il ne serait prêtre-mari. Qui donc, en effet, aurait voulu d'une telle girouette, d'un tel forcené ? Les paroissiens pourtant désiraient son mariage, afin de ne plus avoir à leur tête un prêtre passionnément....... Qu'est-ce donc que cette fameuse servante revêche, cette célèbre beauté, cette fine fleur, cette rare colombe, J. B., dont il n'a jamais pu réellement se séparer, sous prétexte, a-t-il l'impudence de dire, qu'elle avait tout ce qu'il fallait pour déplaire. Elle lui plaisait, et beaucoup ; cela ne suffisait-il pas ?

Deux lettres, que cette fille lui a adressées quand, chassée du presbytère par la force des scandales et de l'opinion publique indignée, elle s'est vue forcée de se retirer à la Chaux-de-Fonds, rue Neuve, 5, au 3me étage, vont nous l'apprendre. Le Comité possède l'autographe authentique de ces deux lettres. Nous les donnons ici dans leur style et dans leur ortographe. Que les ultramontains ne se scandalisent pas trop ; le bon Père a toujours dédaigné le mariage, mais non les mystères de l'alcôve ! Lisez donc et ne soyez pas trop prudes.

« Chaux-de-Fonds, 15 juin 1876.

« Mon cher Père,

« Je suis aler chez vous ce matin pour pouvoir me lavé un peut de linge, puisque ils falait faires la lesive pour vous. Cettes filles me dit que vous lui avez dit qui ne falais pas que je restes. Elles est déjà la maîtresse de chez vous; ensuites d'aler dans votre chambre, c'est sans prudence, sans gaine; elle est déjà familaire. Ce qui me fait de la peine, c'est de voir comme vous êtes, vous ne pouvez rien gardé; *vous avez lu ma lettre à cette fille,* elles me là dit, jen suis peinée de voir que vous n'avez pas plus de retenue. *Je vous ais entendu hier lui parler; un homme d'esprit comme vous c'est vraiment facheux, un prêtre qui ne se gardes rien!* Vous faites manger cette filles avec vous; hier soir qu'il y avais Paulle, il peut en dires ce qu'il penses, est quelle genre de la conversation; une personne qui a une si vilaine tournure; elles fait bien voir dou *elles sort*; elles a lair d'une a crocheuse de rue, je ne mi trompes pas, soyez ens convaincu de ce que je vous dit; c'est une manteuse, une rouée rouée. Vous êtes bien planté. Méfier-vous ans. Je quites ce brouillon. J'alais chez vous dans une trais bonne attention, je me suis respentie de vous avoir faché, *pardonner moi, vous devez comprendre pour quoi je vous ais faché;* c'est la dernière fois. Pour gagné du temps, est de l'espoir, je m'en vais reste tranquilles et suivres le bon chemain; je ne me laiserai pas entraîné à la perdition; je ne veut pas qu'on puissent rire, en un mot, sur ma conduite, que je sois iréprochable. J'irai vous voir quelquefois. Je vous prie, ayez pitié de moi; gardez toujours mon estime et ma confiance.

« *Votre fille qui vous aime pour la vie,*

Signé : J. B.

« Chez M. Reymon, rue Neuve, 5, au 2me étage, entrée dans la cuisine, porte à gauche. »

Certes, l'adresse est parfaitement indiquée; le mode d'entrée, sans qu'il y ait crainte de frapper à une autre porte, habilement désignée. Telle est bien la conduite des *bonnes* donnant rendez-vous aux troupiers. Or, on certifie que le Père, presque tous les soirs, se rendait à cette demeure chérie pour consoler sa pauvre colombe. Qu'y faisait-il? Ne supposons rien. La seconde lettre, plus explicite, tout en nous découvrant le pot aux roses, nous apprendra ce qu'était J. pour M. Marchal.

« Mon Père,

« Vous m'avez dit que c'était moi qui fesait causé, c'est le contraire. Vous jetés à la portes deux filles honnêtes pour prendre une a crocheuse de rue, une filles de rien. *Vous en êtes tout fou*; vous dites quelles est jolie, avenante, quelles vous plait beaucoup; ce n'est pas au bout de deux jours, qu'on peut juger une personnes. On m'a dit, je peut vous signé les personnes qui me lon dit: *vous êtes tout amoureux d'elles*. Où a telles prit l'argent quelles veut acheter des botines en peau de gand qui coutes 20 francs. Cest vous qui lui avez donné............ parce que je sais quelles na rien; c'est un scandales de votre part. *Je sais que vous la prenez pour votre maîtresse.* Vous me disiez que vous vous mariez mardis quand je suis arrivé chez vous. Vous me dites que vous ni pensé plus, que vous avez une domestique qui vous plais; j'ai dit, ils a déjà fait des avanse à cettes filles. *Vous lui avez dit ce que vous maviez dit à moi. Je vous connais, vous êtes.....* J'ai honte pour vous. *J'ai été votre maîtressent, je restes toujours. Quand on a eut une personne comme moi, qui vous as été attachée, dévouée comme je lai été, on ne se détache pas comme cela. Vous êtes attaché à moi, vous avez beauz tout faires, je serai toujours après vous, jusquà que je rentres chez vous.* Quittez la Chaux-de-Fonds aux plus vites; j'en ais trop entendus, est, quand vous cerez loin, ce cera pir.

« On dit que vous êtes fou et encore davantage,

avec cette rien du tout que vous avez, qui est plus jeune que moi. Vous le faite exprès de faire causer le monde. Je vous l'ai dit que vous ne pourriez garder cette sale fille .... D'abord pour vous c'est une tentation, je ne m'i trompe pas ; je vous en préviens, que vous aurez des ennuis avec elles ; *qu'elles ira dires tout ce qui ce sera passé entre vous et elles.*

« *Je tiens le ..... dans ma poche ;* si vous l'amener à Genève, je men charge. Si je la rencontre, elles recevra ce quelles mérites. »

« O honte ! Un prêtre vivant en vieux garçon débauché ! Comme la J. vous connaissait bien, vieil hypocrite ! Vous voilà donc démasqué. Très-Révérend Père ! Vous ne vous attendiez guère à ces révélations, à ces témoignages écrasants ! Voilà ce que c'est de trop précipiter son départ, de quitter la Chaux-de-Fonds comme un voleur ; on oublie certains papiers qui soulèvent un peu trop le voile.

« Je conçois maintenant votre dégoût pour le mariage. Un prêtre marié ? fi donc ! c'est par trop immoral ! L'autre genre de vie est certainement préférable ; on a moins de charges et tous les avantages. La liberté d'abord est sauve ; on peut étaler ensuite, aux yeux des badauds, sa prétendue vertu ; on prône partout son amour pour le célibat ; on se fait en public passer pour un ange, martyr du devoir et de la chasteté, et dans le secret du presbytère, près d'une ange-femme on en rit, on en fait gorge chaude. Infâme Jésuite! va, jusqu'à présent ce que vous avez fait de mieux dans votre vie, c'est bien d'être rentré dans le giron du Romanisme; vous appliquiez trop bien, parmi nous, dans votre vie intime, les angéliques préceptes du célibat religieux. »

Signé : E...

Lecteurs, c'est bien assez, n'est-ce pas? Tirons le rideau et refusons de parcourir les nouveaux détails qui m'arrivent encore à l'instant de la Chaux-de-Fonds, tous plus édifiants les uns que les autres.

Prêtres libéraux de la Suisse, voilà l'homme! Et vous, pieux ultramontains, qui semblez si chaleureusement applaudir, voilà la noble conquête que vous venez de faire.

Chêne-Bourg, 7 Novembre 1876.

CH. RENAULT,

Curé libéral.

www.ingramcontent.com/pod-product-compliance
Ingram Content Group UK Ltd.
Pitfield, Milton Keynes, MK11 3LW, UK
UKHW021947260726
13994UKWH00004B/1596

9 782329 130873